KB275922

요한복음 3

옥한흠 다락방 시리즈 **20**

소그룹 성경공부 교재

요한복음 3

요한복음 14~21장

옥한흠 지음

국제제자훈련원

교재 사용에 대하여

제자훈련의 열매는 훈련된 평신도 지도자들이 사역하는 소그룹(구역, 다락방, 셀, 목장)이라 할 수 있다. 소그룹이란 성도 간에 아름다운 사랑의 교제를 나누며, 말씀 안에서 영적으로 성숙해가도록 서로 돕고, 믿지 않는 사람들을 초청하여 복음을 나누는 작은 단위의 공동체이다. 소그룹은 하나님의 말씀에 기초한다. 그러므로 각자의 삶을 드러낼 수 있도록 돕고, 변화되어야 할 삶의 목표를 분명하게 제시할 수 있는 좋은 교재가 마련되면 효과적인 소그룹을 운영하는 데 큰 도움을 얻는다. 그러나 분주한 목회자의 입장에서는 직접 교재를 만든다는 것이 그리 쉬운 일이 아니다. 이런 어려움을 해결할 수 있도록 돕기 위해 마련된 것이 '옥한흠 다락방 시리즈'이다.

본 시리즈를 사용하는 데 있어 다음 몇 가지를 참고하기 바란다.

1. 이 교재는 소그룹에서 귀납적인 방법으로 성경을 공부하기 위해 만든 것이다. 즉, 성경의 가르침을 일방적으로 주입하는 대신 충분한 토의를 통해 구성원들의 생각을 먼저 정리하고 그것을 성경의 가르침과 비교하도록 구성되었다. 결코 해답 베껴 쓰기 식의 공부가 되지 않도록 해야 한다. 서툴더라도 자기 인식과 활발한 토의 참여에 의한 생생한 결론이 나올 수 있도록 해야 한다. 따라서 지도자는 소그룹 환경에서 귀납적 방법으로 성경을 공부하는 것이 무엇인지를 반드시 먼저 배워야 한다.

2. 이 교재는 교역자가 매주 소그룹 지도자들을 먼저 예습시킨 다음 사용하게 해야 바람직한 효과를 기대할 수 있다. 소그룹 지도자가 공부할 내용을 충분히 이해해야 한다.

3. 소그룹에 참석하는 자들은 반드시 예습을 하도록 권장해야 한다.

4. 한 과를 공부하는 데에는 한 시간 이상이 필요하다. 그러므로 각 문제에 따라 답만 찾아보고 넘어가야 할 것과 충분한 토의를 통해 진지하게 적용할 것을 잘 구별해서 진행하는 것이 중요하다.

차례

근심하는 자여, 천국을 생각하라

요한복음 14:1~11

마음의 문을 열며

가룟 유다는 이미 예수님의 원수인 대제사장들과 한패가 되어 주님을 넘길 기회를 호시탐탐 엿보았고, 예수님은 십자가를 지는 이 길을 꼭 가야 된다고 거듭 말씀하셨습니다. 홀로 그 길을 가시겠다는 비장한 말씀에 베드로는 자기의 충성을 이렇게 맹세했습니다. "주여, 내가 주님을 따르겠습니다. 다른 사람은 몰라도 나는 끝까지 주님을 따르겠습니다. 주를 위해 목숨을 버리겠습니다." 그러나 주님은 냉정하게 그의 고백을 물리치셨습니다. "너는 닭 울기 전에 세 번 나를 부인할 것이다."

이런 분위기를 한번 생각해보십시오. 제자들은 도대체 어떻게 해야 할지 갈피를 못 잡고 있습니다. 마음을 짓누르던 근심은 마침내 주체할 수 없는 공포로 돌변하고 있습니다. 그때 예수님은 혼돈 속에 빠져 있는 제자들을 보시며 마음에 근심하지 말라는 말씀을 서두로 그들을 위로하십니다.

1 예수님은 제자들이 가지고 있는 마음의 근심을 잠재우기 위해 무엇을
권면하십니까?

○ 1절/

2 우리가 믿어야 할 예수님은 어떤 분인지 2~3절을 통해 검토해 봅시다.

3 2절에 '거처'란 '천국 혹은 하나님 나라'를 가리킵니다. 예수님은 십자
가에서 죽임을 당하실 것이고 사흘 만에 부활하실 것입니다. 그렇다
면 그분이 죽으시고 살아나시는 일과 처소를 준비하러 가시는 일에는
어떤 상관관계가 있습니까?(참고/ 요한복음 12:32; 사도행전 2:36;
히브리서 9:12)

○ 2~3절/

4 예수님은 거처를 예비하면 다시 오신다고 했습니다. 다시 오신다는 말씀은 무엇을 가리킵니까? 이에 대해 세 가지 대답이 가능합니다. 부활하셔서 제자들을 다시 만나신다는 의미도 되고 성령강림을 가리키는 말씀도 됩니다. 또한 마지막 재림을 염두에 두고 하신 말씀이기도 합니다. 이 세 가지는 동일선상에 있는 것으로, 모두 주님이 우리를 다시 만나신다는 것을 말씀합니다. 그분은 장차 다시 오셔서 무엇을 하십니까?

○ 3절/
....

....

....

5 우리가 생각할 때 근심에 빠진 제자들에게 천국에 관한 이야기를 하는 것은 큰 도움이 되지 않을 것 같습니다. 당장 눈앞에 떨어진 불을 꺼야 하는 상황에서 천국 간다는 말이 무슨 감동이 되겠습니까? 그런데도 예수님은 천국의 소망이 현실의 근심을 쓸어낼 수 있다고 하십니다. 당신은 이 말씀에 수긍할 수 있습니까?

....

....

....

6 예수님이 가셨다가 다시 오실 것을 말씀하실 때 도마는 그분이 어디로 가시는지 궁금하여 알고자 합니다. 그러자 예수님은 어떻게 대답하십니까?

○ 6절/
....

....

7 다음 글을 읽고 당신도 똑같은 확신을 가질 수 있는지 말해 봅시다.

> 토마스 아 켐피스는 요한복음 14장 6절을 은혜로운 말로 풀어서 표현했습니다. "나를 따르라. 나는 길이요 생명이요 진리니라. 길 없이 가는 것이 없고, 진리 없이 아는 것이 없고, 생명 없이 사는 것이 없느니라. 나는 너희가 반드시 따라야 할 길이다. 반드시 믿어야 할 진리다. 반드시 소망해야 할 생명이다. 나는 신성한 길이다. 나는 무오한 진리다. 나는 다함 없는 생명이다. 나는 가장 빠른 길이요, 주권적 진리요, 참 생명, 복된 생명, 창조되지 아니한 생명이니라."
>
> 이와 같은 말씀을 하실 수 있는 분은 예수님밖에 없습니다.

8 빌립이 예수님에게 한 질문과 그분의 대답을 살펴봅시다.

○ 8~10절/

9 예수님은 그분 자신이 하나님 되심을 알기 위해서는 두 가지를 하라고 하십니다. 그것은 무엇입니까?

○ 11절/

삶의 열매를 거두며

사람이 되신 하나님, 그분은 바로 예수님입니다. 그분을 믿는 자만이 하나님께서 주시는 모든 은혜를 받을 수 있습니다. 이 사실을 요한복음 1장 14~18절에서 다시 확인하십시오.

그보다 큰 일도 하리니

요한복음 14:12~18

 마음의 문을 열며

예수님은 십자가를 향해 발걸음을 옮기고 계셨습니다. 이런 예수님을 지켜보는 제자들의 마음은 그야말로 근심과 공포와 낙담으로 뒤범벅되어 있었습니다. 그들은 할 말을 잃었습니다. 한숨과 탄식 소리만 간간이 들리는 무겁고 침울한 분위기에 빠져 있었습니다. 그때 예수님은 제자들에게 소망을 주고 그들을 위로하기 위해 입을 여셨습니다. 그리고 오랜 시간 말씀하셨는데, 요한복음 14장부터 16장까지가 바로 그 내용입니다. 그 부분을 읽어보면 주님이 제자들에게 소망을 주기 위해 하시는 말씀이라는 것을 금방 알 수 있습니다.

그 가운데 절망적인 이야기는 하나도 없습니다. 특별히 이번 과 본문 말씀은 더욱 그렇습니다. 아마 제자들이 이 말씀의 의미를 바로 깨닫고 그대로 믿었다면 주저앉아 있던 자리에서 벌떡 일어났을 것입니다.

1 12절 말씀의 핵심은 무엇입니까?

2 예수님이 세상에 계실 때 하신 일은 무엇입니까?(참고/ 마태복음 9:25; 마가복음 2:17)

3 제자들은 예수님이 말씀하신 대로 그분이 하시던 일을 계승했을 뿐만 아니라 이보다 더 큰 일들을 했습니다. 다음 구절을 이 사실을 확인해 보십시오(참고/ 마태복음 28:19; 사도행전 2:41, 47, 15:19).

4 주님이 하신 일뿐만 아니라 그보다 더 큰 일을 하리라는 약속은 열두 제자에게만 하신 것이 아니며 우리에게도 해당되는 말씀입니다. 왜 그렇습니까?

    ○ 12절/

5 제자들과 우리가 더 큰 일을 할 수 있는 두 가지 근거가 있습니다. 그중 첫 번째는 무엇인지 13~14절을 읽고 대답하십시오(참고/ 요한복음 16:23~24).

6 14절에 "무엇이든지"라는 말은 우리의 기도가 하나님의 전능하심만큼 만능이라는 것을 보여 줍니다. 이 사실을 믿습니까?

7 우리가 주를 위해 세상이 깜짝 놀랄 일들을 지금껏 하지 못하고 있는
이유가 어디에 있다고 생각합니까?

8 더 큰 일을 할 수 있는 두 번째 근거는 무엇입니까?(16~17절)

9 "보혜사"라는 말은 "돕는 자"란 뜻입니다. 성령은 우리와 함께하시고
우리 속에 거하시면서 우리를 돕기 위해 놀라운 능력을 주십니다. 사
도행전 1장 8절을 통해 이 능력이 얼마나 대단한 것인지 확인해 보십
시오(참고/ 이사야 60:21~22; 고린도전서 1:27~28).

성령과 기도는 끊을 수 없는 관계입니다. 성령의 능력을 얻기 원한다면 기도해야 합니다. 성령은 이미 허락된 선물이며 기도의 문은 활짝 열려 있습니다. 그러므로 우리가 무능하고 초라하게 인생을 사는 것은 부끄러운 일입니다. 왜냐하면 기도하고 능력을 받으면 주를 위해 더 큰 일을 할 수 있기 때문입니다.

지금이라도 주를 위해 큰 꿈을 꾸십시오. 당신은 어떤 꿈을 가지고 남은 인생을 달려가고 싶습니까?

주님이 주시는 평안

요한복음 14:19~31

마음의 문을 열며

예수님은 자신의 십자가의 죽음으로 불안해하고 근심하는 제자들에게 위로와 소망의 메시지로 계속 격려하십니다. 이 말씀에서 예수님은 그들이 근심하거나 두려워하지 말아야 할 또 한 가지 이유를 말씀하시는데, 그것은 바로 주님이 주시는 평안 때문이라고 하십니다.

예수님의 제자는 어떤 형편에 있을지라도 근심하거나 두려워하지 말고 항상 평안을 유지할 수 있어야 합니다. 당신은 주님이 주시는 평안을 알고 있습니까?

1 요한복음 14장 27절을 천천히 몇 번 반복해서 읽고 가능하다면 외우십시오. 그리고 이 말씀을 통해 깨달은 것이 무엇인지 나누어 보십시오.

2 평화의 왕이신 예수님이 우리에게 평안을 주기 위하여 세상에 오셨습니다. 그러므로 진정한 평안은 예수님만이 주실 수 있습니다. 다음 성구를 찾아보십시오(참고/ 이사야 9:6; 누가복음 2:14; 에베소서 2:14).

3 우리에게 자신의 평안을 주겠다고 하신 예수님이 지금 십자가의 잔인한 죽음을 목전에 두고 계십니다. 그런 주님에게는 놀라운 평안이 있었습니다. 이 평안을 우리에게 주겠다고 하십니다. 이 평안은 세상이 주는 것과 다릅니다. 예수님을 믿고 난 후 이런 신비한 평안을 체험한 적이 있다면 나누어 보십시오.

4 예수님은 제자들에게 평안을 주시기 위해 부활하신 후 자신을 나타내시겠다고 약속하십니다. 죽은 줄 알았던 주님이 다시 사신 것을 알면 그들이 두려움 대신 큰 평안을 얻게 될 것이기 때문입니다. 주님은 이 점에 대해 어떻게 말씀하십니까?

○ 19절/

5 믿음의 눈, 영적인 눈을 가진 자만이 부활하신 주님을 볼 수 있습니다. 이를 위해 주님과 제자들은 신비한 연합을 이루게 된다고 합니다. 그것이 어떤 것입니까?(참고/ 요한복음 17:21; 갈라디아서 2:20)

○ 20절/

6 성령은 부활의 주님과 우리를 하나 되게 하십니다. 또한 예수님을 밝히 알 수 있도록 모든 것을 가르쳐주십니다. 26절은 이 사실에 대해 어떻게 말씀합니까?(참고/ 요한복음 14:17)

7 예수님이 자기를 나타내기 위해 요구하시는 것이 또 하나 있습니다.
그것은 무엇입니까?

○ 21절/

8 우리가 주님을 잘 모르고 그분이 주시는 평안을 만족스럽게 체험하지
못하고 있다면 그 이유가 무엇이라고 생각합니까? 말씀에 순종하지
않으면서 입으로만 주님을 사랑한다고 하는 잘못된 행동에 있다고 생
각되지 않습니까?

9 30절에 '조금 후에 이 세상의 임금이 올 것'이라고 하는 말씀의 의미는
무엇입니까?(참고/ 누가복음 22:3, 53)

제자들은 예수님이 떠나지 않고 곁에 계셔야 마음의 평안을 누릴 수 있다고 생각했습니다. 그러나 예수님은 오히려 자신이 떠나는 것이 더 좋다고 말씀하십니다(28절). 제자들을 떠나 십자가에서 죽으시고 부활하셔야지만 성령이 오시고 그때부터 밤낮 주님을 모시고 살면서 사랑할 수 있기 때문입니다.

지금 당신은 이런 은혜를 누리고 있습니다. 이러한 삶의 증거는 우리만 아는 심령의 평안입니다. 우리 안에 내주하시는 예수님이 주시는 평안입니다. 당신은 이 사실에 공감합니까?

하나님은 많은 과실을 원하신다

요한복음 15:1~8

 ## 마음의 문을 열며

저의 아버지는 농부였습니다. 제가 어렸을 적만 해도 2년이 멀다 하고 가뭄이 들어서 농사를 망치곤 했습니다. 그럴 때마다 아버지의 얼굴에 수심이 가득해지는 것을 어린 저의 눈으로도 자주 볼 수 있었습니다. 수고는 참 많이 했는데 거두는 것이 별로 없을 때의 심정을 누가 이해하겠습니까? 물론 풍년이 들기도 했습니다. 벌레도 별로 없고, 비도 적절하게 내려주고, 햇살도 좋아서 온 들판이 황금빛으로 물드는 해도 있었습니다. 그럴 때면 아버지는 논둑에 앉아서 알알이 속이 차가는 이삭을 어루만지며 아주 흡족한 표정을 지으셨습니다.

하나님의 마음도 농부와 같습니다. 우리가 많은 열매를 맺길 소원하시는 하나님에 대해 알아봅시다.

1 예수님은 우리에게 잘 알려진 포도나무 비유를 통해 하나님과 예수님, 그리고 우리의 신비한 관계를 설명하십니다. 다음의 비유는 누구를 가리킵니까?(1, 5절)

○ 포도나무/

○ 농부/

○ 가지/

2 포도원 농부의 소원이 있다면 많은 열매를 얻는 것일 겁니다. 이는 하나님도 마찬가지이십니다. 무엇을 보고 알 수 있습니까? 다음 구절을 유의하여 살펴봅시다.

○ 2절/

○ 5절/

○ 8절/

3 여기서 열매는 무엇을 의미합니까? 8절에 "제자가 되리라"라는 말씀을 염두에 두고 생각해 보십시오(참고/ 요한복음 13:15; 갈라디아서 5:22~23; 에베소서 4:15).

4 당신에게 예수님을 닮아가는 열매가 있다면 무엇입니까?

5 2절에 보면 하나님께서는 우리가 열매를 많이 맺도록 하기 위해 가지치기와 깨끗케 하는 일을 하신다고 합니다. 이 두 가지 일은 무엇을 의미한다고 생각합니까?

○ 가지치기(참고/ 마태복음 7:19~21)/

○ 깨끗케 함(참고/ 요한복음 17:17; 요한계시록 3:19)/

6 신앙생활을 하면서도 하나님의 말씀과 거리를 두고 사는 사람이 있다
면 그는 예수님의 제자답게 생활하기 어렵습니다. 그리고 이런 생활
을 오래 지속하면 영적으로 병들게 되고 무서운 시험에 빠지게 됩니
다. 하나님께서는 그런 자를 내버려두지 않으십니다. 매를 들고 때리
십니다. 당신은 이러한 경험이 있습니까?

7 예수님은 우리 스스로 열매를 많이 맺으라고 말씀하지 않으십니다.
열매는 자연스럽게 열리는 것이며 그렇기에 우리가 할 일은 예수 안
에 거하는 것입니다. 이것은 무엇을 의미합니까?(참고/ 갈라디아서
2:20; 요한계시록 3:20)

○ 4~6절/

8 우리가 예수님 안에 거하기 위해서는 말씀을 묵상하고 기도하는 일이 필수입니다. 7절을 보십시오.

9 다음 글을 읽고 깨달은 것을 나누어 봅시다.

독일의 유명한 신학자이자 순교자였던 디트리히 본회퍼가 이런 말을 했습니다. "성경에 기록된 말씀들은 언제나 당신의 가슴에 울려야 하고, 당신의 생활 속에서 날마다 살아 움직여야 합니다. 당신이 무척이나 사랑하는 자가 있으면 그의 말을 잊을 수 있겠습니까? 사랑하는 자의 말은 따지고 분석해서 받아들이는 것이 아닙니다. 마찬가지로 당신이 주님을 사랑한다면 그분의 말씀을 마음에 담고 살아야 합니다."

하나님의 말씀을 분석하거나 따지려 들지 말고, 오직 그 말씀을 즐거워하십시오. 그러면 말씀은 살아 계신 하나님의 능력이 되어 영혼을 살찌우는 양식으로 우리를 튼튼하게 세워줍니다. 가만히 있어도 인격과 삶의 열매가 맺힐 것입니다. 하나님도 기뻐하시며 우리를 보는 자마다 정말 다르다고 말하도록 만들어주실 것입니다.

삶의 열매를 거두며

열매를 많이 맺기 위해 주 안에 거하길 원한다면 우리는 마음에 말씀을 담는 노력 못지 않게 무엇이든 주님께 고백하는 기도생활을 해야 합니다. 기도는 범사에 마음을 주고받는 영적 대화를 가리킵니다. 나쁜 기도 습관이 몸에 배면 이런 기도를 하기 어려워집니다. 당신의 기도 습관에 대해 이야기해 보십시오.

나의 사랑 안에 거하라

요한복음 15:9~17

 마음의 문을 열며

우리가 서로 사랑하는 일이 얼마나 중요한지, 예수님은 제자들에게 마지막 설교를 하시면서 사랑에 관한 말씀을 무려 열여섯 절이나 할애하여 반복하셨습니다. 요한복음 13장부터 16장까지 내용을 대충 훑어보기만 해도 주님께서 우리가 서로 사랑하는 것을 얼마나 중요하게 생각하시는지 어렵지 않게 발견할 수 있습니다.

13장 35절에서 예수님은 제자들에게 말씀하셨습니다. "너희가 서로 사랑하면 이로써 모든 사람이 너희가 내 제자인 줄 알리라." 사람들은 우리가 서로 사랑할 때 우리를 예수님의 제자로 인정합니다. 서로 사랑한다는 것은 우리의 정체성을 증명해줄 만큼 중요합니다.

1 우리가 포도나무이신 예수님에게 붙어서 많은 열매를 맺는 가지가 되려면, 먼저 사랑을 아는 은혜를 받아야 합니다. 그래서 9절에서 예수님은 "나의 사랑 안에 거하라"고 하십니다. 이 말씀은 하나님께서 우리를 어떻게 사랑하셨는지 알고 체험하는 은혜를 가리킵니다. 우리는 이 은혜 없이 사랑을 실천할 수 없습니다. 진정한 사랑은 은혜로 하는 것이지 내가 하는 것이 아닙니다. 이 점에 대해 당신은 어떻게 생각합니까?

2 예수님의 사랑 안에 거하는 것, 다시 말해 하나님의 사랑이 얼마나 크고 뜨거운지를 아는 은혜를 누릴 수 있는 비결이 있다면 무엇입니까?

　○ 10절/

3 우리가 지켜야 할 하나님의 계명은 무엇입니까?(참고/ 요한복음 13:34)

　○ 12절/

4 주님의 사랑 안에 거하고자 한다면 서로 사랑해야 한다는 말씀은, 사
랑을 실천하지 못하면 하나님의 사랑을 즐길 수 없고, 사랑하지 않으
면 사랑의 하나님을 제대로 알 수 없다는 의미입니다. 이 말씀은 주님
의 말씀대로 살지 못하는 우리에게 부담이 되기도 하여 그 결과, 우리
의 삶이 잎만 무성한 나무처럼 보일 때도 있습니다. 이 점에 대해 어
떻게 생각합니까?

5 주님의 사랑 안에 거하면 우리는 몇 가지 복을 누리게 됩니다. 그 첫
번째 복이 무엇입니까?

○ 11절/

6 사랑과 기쁨은 서로 같습니다. 그래서 하나님의 풍성하신 사랑을 맛
보고 그 은혜로 이웃을 사랑하면 그의 심령에는 기쁨이 차오릅니다.
당신은 지금 이러한 체험을 하고 있습니까?

7 주님의 사랑 안에 거하는 자의 두 번째 복은 무엇입니까?

　　○ 15절/

8 사랑하는 자는 예수님을 많이 닮고 그분과 가깝습니다. 그런 사람은 주님 앞에 숨길 것이 없는 절친한 친구가 됩니다. 당신과 예수님의 관계는 어떠합니까?

9 16절을 보면 예수님이 우리를 택하여 포도나무 가지가 되게 하신 목적을 알 수 있습니다. 그 목적은 무엇입니까?

삶의 열매를 거두며

우리는 하나님의 선택을 받은 자라는 확신을 가지고 있습니다. 그러나 선택받음의 증거가 필요합니다. 입술로 믿는다고 고백하는 것만으로는 충분하지 않습니다. 무엇보다 사랑의 열매가 있어야 합니다. 많은 그리스도인이 이 사실을 간과하고 있습니다. 마태복음 7장 20~21절을 읽으며 이 문제를 진지하게 생각해 봅시다.

세상의 증오

요한복음 15:18~16:4

 ## 마음의 문을 열며

그리스도인이라면 누구나 마음속으로 은근히 이런 기대를 품는 것 같습니다. '예수 잘 믿으면 복 많이 받고 또 세상 사람들에게서 부러움을 받으며 어디를 가나 존경과 사랑을 받는 사람이 될 수 있다.' 물론 이런 기대가 전적으로 잘못이라고 말할 수는 없습니다.

예루살렘에 처음으로 교회가 탄생할 때 많은 사람이 예수를 믿고 성령을 받아 은혜가 충만해지자 온 백성에게 칭송을 들었다고 했습니다. 성도들이 세상 사람들에게 칭찬을 받았다는 이야기입니다.

그러나 주님은 우리의 이런 기대와는 달리 매우 솔직한 경고를 하십니다. 세상이 우리를 미워한다고 하십니다. 그리고 왜 미워하는지를 가르쳐 주십니다. 주님의 말씀을 바로 이해하면 사회생활을 하면서 실족하지 않을 수 있습니다.

1 예수님은 세상이 우리를 미워한다고 말씀하십니다. 여기서 세상은 무엇을 가리킵니까?(참고/ 요한복음 8:44; 에베소서 2:2; 요한일서 2:16)

2 세상이 우리를 미워하는 몇 가지 이유가 있습니다. 그 첫 번째가 무엇 입니까?

○ 18, 20절/

3 요한복음 7장 7절에서 예수님은 자신이 미움받는 이유가 무엇 때문이 라고 하십니까?

4 세상이 우리를 미워하는 두 번째 이유는 무엇입니까?

   o 19절/

5 평소에 세상 사람들은 우리가 세상에 속하지 않았다는 사실을 잘 모릅니다. 그들과 똑같이 사회생활을 하고 있기 때문입니다. 그러나 경우에 따라 우리가 그들과 한배를 타지 않았다는 것을 알게 되면 그들은 매우 예민하게 반응합니다. 그리고 심하면 미워하고 왕따시킬 때도 있습니다. 이러한 경험이 있다면 나누어 보고, 그때 어떻게 대처했는지도 나누십시오.

6 세상이 우리를 미워하는 세 번째 이유는 예수님을 이 땅에 보내신 분이 하나님이심을 알지 못하기 때문입니다. 만일 그들이 알았다면 어떻게 감히 하나님의 아들을 미워하며 그분을 믿는 자들을 증오할 수 있겠습니까? 그러나 몰랐다는 사실이 그들의 행동을 정당화하거나 변명할 수 있는 구실이 될 수는 없습니다. 그 이유가 어디에 있습니까?

   o 21~24절/

7 감사하게도 우리는 예수님이 하나님의 아들이시며, 그분을 세상에 보내신 분이 하나님이심을 알고 믿습니다. 영의 눈이 열렸기 때문입니다. 어떻게 이런 기적이 가능합니까?

○ 26절/

8 세상은 우리를 미워하는 데서 그치지 않고 더 무서운 행동을 할 것이라고 합니다. 16장 2~3절은 어떻게 말씀하고 있습니까?

9 다음 글을 읽고 오늘도 핍박당하고 있는 성도들을 위해 잠시 기도합시다.

〈리더스 다이제스트〉 1997년 10월호에 충격적인 글이 실렸습니다. 20세기 들어 2억에서 2억 5천만 명에 이르는 그리스도인들이 곳곳에서 끔찍한 핍박과 환난을 당하고 있다는 내용이었습니다. 어떤 사람은 고문을 당하고, 어떤 사람은 노예 취급을 당하고, 어떤 사람은 감옥에 갇혀 가족과 떨어진 채로 비인간적인 삶을 살아갑니다. 또 어떤 여성들은 강간을 당합니다.

민주주의가 꽃피었다는 20세기에도 그 많은 사람들이 예수 이름 때문에 고통을 당하고 있습니다. 특히 북한과 구소련 지역, 동구권, 사우디아라비아나 이란 등과 같은 이슬람권에서 얼마나

삶의 열매를 거두며

우리는 이 세상을 살아갈 때 사람들에게 미움과 핍박을 당할 수 있다는 사실을 늘 명심해야 합니다. 세상은 하나님을 미워하고 대적합니다. 우리가 이런 세상에 속한 사람들과 문제 없이 잘 지내고 마음이 잘 맞는다면 이는 우리에게 심각한 문제가 있는 것입니다. 예수님을 미워하고 죽인 세상은 반드시 성도들을 향해서도 적의를 품고 있음을 기억해야 합니다. 그러므로 세상으로부터 미움과 멸시를 받을 때 우리는 오히려 그것을 주님의 제자라는 증거로 삼고 기뻐하고 감사해야 합니다. 당신은 진심으로 이 사실에 동의합니까?

성령님, 진리를 가르쳐 주옵소서

요한복음 16:5~15

마음의 문을 열며

교회 다니는 성도들 중에는 내가 성령을 받았는지 안 받았는지, 성령이 내 안에 계시는지 밖에 계시는지 선뜻 자신 있게 대답하지 못하는 분들이 꽤 있습니다. 본문을 통해 자신이 성령을 받은 사람이라는 것을 분명히 확신할 수 있기를 바랍니다. 본문은 내가 성령을 받았는지 안 받았는지를 두고 마치 답안지 채점을 하듯이 분명하게 알 수 있도록 가르쳐줍니다.

말씀에 비추어 '나는 성령과는 거리가 먼 사람이구나'라고 생각된다면, 마음의 무릎을 꿇고 하나님 앞에 "주여, 나를 도와주소서. 성령이여, 내 마음에 오시옵소서"라고 기도할 수 있기를 바랍니다.

말씀의 씨를 뿌리며

1 예수님은 마음에 근심이 가득한 제자들을 향해 자기가 떠나는 것이 유익하다고 말씀하시며 위로하십니다. 7절을 읽고 예수님이 유익하다고 하신 이유가 무엇인지 말해보십시오.

2 성령이 우리에게 오셔서 죄에 대하여 세상을 책망하신다고 합니다. 이 말씀의 의미는 무엇입니까?(참고/ 요한복음 8:46)

  ○ 9절/

3 성령은 예수님을 영접하지 않은 것이 죄가 됨을 깨닫게 해주십니다. 사도행전 2장 36~37절을 읽고 이 사실을 확인해 봅시다.

4 성령이 오셔서 책망하시는 것이 두 가지 더 있습니다. 그것이 무엇입니까? 또 그 의미는 무엇인지 10~11절 말씀을 통해 살펴보십시오. (참고/ 로마서 10:4; 요한복음 5:22, 12:31)

5 하나님께서는 성령 받은 그리스도인을 사용하셔서서 세상을 책망하십니다. '왜 의이신 예수를 배척하느냐?' '왜 심판을 두려워하지 않느냐?'라고 말입니다. 이런 의미에서 볼 때 우리가 하는 전도는 받아들이는 자에게는 기쁜 소식이 되지만, 거역하는 자에게는 경고와 책망이 됩니다. 이 사실을 믿습니까?(참고/ 요한복음 15:22, 24)

6 성령은 진리 가운데로 인도하시는 분입니다. 제자들에게는 이것이 독특한 계시가 되어서 성령이 그들에게 직접 진리 되신 예수님에 관해 숨김없이 말씀하시고 보여 주셨습니다. 사도들은 이 사실을 어떻게 이야기합니까?(참고/ 갈라디아서 1:11~12; 요한1서 1:1~2)

7 지금은 성령이 이와 같은 계시를 하지 않으십니다. 계시의 말씀이 성경 66권으로 완성되었기 때문입니다. 그럼에도 불구하고 가끔 계시를 받았다고 주장하는 자들이 있습니다. 당신은 이런 자를 만날 때 어떻게 합니까?

8 계시의 말씀이 완성된 이후에는 성령이 당신을 진리 가운데로 인도하기 위해 조명하십니다. 각종 무대에는 조명 장치가 있습니다. 이 조명 장치의 역할은 적당한 빛을 통해 그 무대를 효과적으로 연출하는 것입니다. 이와 마찬가지로 성령님도 우리가 기록된 말씀을 손에 들고 펼 때마다 우리 마음의 눈을 열어서 그 말씀을 훤히 깨닫게 하십니다. 이것을 조명이라고 말합니다. 당신은 이 조명의 은혜를 알고 있습니까? (참고/ 요한1서 2:27)

9 성령은 오직 누구만 증거하는 영이십니까?

○ 14~15절/

삶의 열매를 거두며

성령은 예수 그리스도의 영광을 나타내시고, 예수님의 것을 가지고 제자들에게 알려 주십니다. 다시 말하면, 성령은 진리를 말씀하시는 진리의 영이십니다. 여기서 진리란 바로 예수 그리스도이십니다. 성령은 자기 자신에 대해서는 거의 말씀하지 않으십니다. 사람들에게 오직 예수 그리스도만을 알게 하시고 그분을 찬송하게 하십니다. 이런 의미에서 성령 충만은 곧 예수 충만입니다.

많은 분이 성령 충만이 바로 예수 충만이라는 진리를 이해하지 못하는 것 같습니다. 그래서 성령의 은혜를 받으면 성령만 강조합니다. 성령의 충만, 능력, 은사만 자랑하려고 합니다. 그러나 이런 태도는 건전하지 못합니다. 진짜 성령의 충만을 받은 사람은 오직 예수님만 자랑하고 예수님만 영광스럽게 해야 합니다.

근심이 기쁨으로

요한복음 16:16~33

마음의 문을 열며

여기서는 예수님이 제자들에게 마지막으로 들려주신 설교의 끝 부분을 공부하려고 합니다.

예수님은 그분의 말씀을 잘 이해하지 못할 뿐만 아니라 여전히 근심하고 있는 제자들을 조금도 꾸짖지 않으시고 계속해서 말씀하고 계십니다. 그들의 근심을 덜어 주고 기쁨을 주시기 위해 며칠 후면 알게 될 사실을 미리 말씀하시는 것입니다. 예수님이 제자들을 얼마나 사랑하시는지를 짐작할 수 있습니다.

말씀의 씨를 뿌리며

1 예수님의 말씀을 잘 이해하지 못한 제자들이 수군거린 내용은 무엇입
니까?

ㅇ 16~18절/

2 조금 있으면 보지 못하고 또 조금 있으면 보리라고 하신 예수님의 말
씀은 무엇을 가리킵니까?(참고/ 마가복음 8:31)

3 궁금해하는 제자들에게 하신 예수님의 대답은 무엇입니까?

ㅇ 20절/

4　제자들이 며칠 후에 체험하게 될 기쁨은 어떤 것입니까?

  ○ 21~22절/

5　실제로 제자들은 이 기쁨을 언제 알게 됩니까?

  ○ 누가복음 24:38~43/

  ○ 누가복음 24:50~53/

6 제자들이 누리게 될 기쁨은 이중적입니다. 22절과 24절을 비교해 봅시다. 주님의 부활이 주는 기쁨과 기도의 응답이 주는 기쁨은 서로 뗄 수 없는 관계를 가지고 있습니다. 왜 그렇습니까?(참고/ 로마서 8:34)

7 당신은 예수 믿고 난 후 이런 기쁨을 맛본 일이 있습니까?

8 신앙생활을 하면서 우리가 자주 겪게 되는 어려움은 주님이 말씀하신 이 독특한 기쁨을 모르고 있거나 자주 잊어버린다는 것입니다. 우리에게는 항상 기뻐할 만한 충분한 이유가 있지만, 현실은 그렇지 않다는 데 우리의 고민이 있습니다. 이에 대해 당신은 어떻게 생각합니까?

9 33절에는 죽음을 이기고 승리하실 예수님의 권세 있는 선언이 나옵니다. 이 말씀을 외우고, 당신의 마음에 가장 깊이 와닿는 내용은 무엇인지 나누십시오.

____

____

____

____

삶의 열매를 거두며

세상에서 우리가 당하는 환난은 다양합니다. 그것이 어떤 종류의 고통이든 우리는 단호한 태도를 취해야 합니다. 그리고 흔들리지 않는 믿음을 가져야 합니다. 33절을 통해 그 태도와 믿음이 어떤 것인지 말해보십시오.

최고의 소원, 하나님께 영광

요한복음 17:1~12

 마음의 문을 열며

예수님은 홀로 죽음의 길을 떠나시면서, 염려와 불안에 떠는 제자들을 위로하고 격려하기 위해 요한복음 13장부터 16장까지 매우 긴 설교를 하셨습니다. 예수님은 제자들의 발을 씻겨주시면서 자기 사랑을 표현하셨고, 천국의 영광을 이야기하면서 위로하셨으며, "성령이 너희에게 임하시면 놀라운 일이 일어난다. 내가 한 것보다 더 큰 일을 너희가 할 수 있을 것이다"라고 말씀하시면서 격려와 소망을 주셨습니다. 또 "무엇이든지 구하라. 그러면 내 이름으로 하나님이 반드시 주실 것이다"라고 말씀하시면서 기도의 영광을 알려주셨습니다. 뿐만 아니라 포도나무와 가지처럼 예수님과 제자들의 관계는 아무도 끊을 수가 없다고 다짐하신 후에, "너희가 세상에서는 환난을 당한다. 그러나 담대하라. 내가 세상을 이기었노라" 하고 위로하시면서 말씀을 끝마치셨습니다. 그런 다음 예수님은 눈을 들어 하늘을 우러러보시며 기도를 시작하셨습니다.

17장 전체가 예수님의 기도를 담고 있습니다. 그중 이 기도는 예수님이 십자가의 죽음을 목전에 두고 드린 기도라고 해서 '요한복음의 지성소', '대제사장의 기도'라는 별명과 찬사가 따라다닙니다.

1 예수님은 자신이 십자가의 죽음을 목전에 두었음을 아셨습니다. 그런 주님이 1절에서 무엇을 소원하며 기도하십니까?

2 예수님이 하나님을 영화롭게 하기 위해서는 먼저 자기가 영광을 받으셔야 했습니다. 그리고 그 영광은 십자가의 죽음을 당하시는 것이었습니다. 이 일은 하나님께서 도우셔야 할 수 있는 것입니다. 그래서 예수님은 "아들을 영화롭게 하사"라고 기도하십니다. 우리도 하나님께 영광을 돌리려면 자기 십자가를 질 수 있어야 합니다. 믿음대로 살기 위해 꼭 짊어져야 할 당신의 십자가는 무엇입니까?(참고/ 마태복음 10:38)

3 가장 성공적인 삶은 하나님을 영화롭게 하는 것입니다. 다음 이야기를 읽고 당신의 현재 삶과 비교해 봅시다.

조형미술을 하는 어떤 분이 미국으로 이민을 갔습니다. 그는 거기서 열심히 공부하고 작품 활동을 하면서 인정을 받아 세계 100대 조형 건축가로 선정될 만큼 탁월한 사람이 되었습니다. 그런데 한창 인생을 즐기던 젊은 나이에 그만 식도암에 걸리고 말았습니다. 의사들도 이제는 살 소망이 없다고 손을 들었습니다. 그래서 그의 가족은 장례식 준비를 하고 있었습니다.

죽음의 손아귀가 계속 목을 바짝바짝 조여 오는 것을 느끼면서 자기 인생을 돌아보았을 때 그는 양심상 자기가 하나님의 영광을 위해서 살았노라고 대답할 수 없음을 깨닫게 되었습니다. 남몰래 고민하며 답답해하던 어느 날 가족 중 한 사람이 연변과학기술대학 김진경 총장의 설교 테이프를 갖다 주었고, 그는 병상에 누워 그 테이프를 듣기 시작했습니다.

"만약 여러분도 하나님의 영광을 위해서, 복음을 위해서 살고 싶으면 연변과학기술대학으로 오십시오. 중국의 젊은이들이 기다리고 있습니다. 그들에게 복음을 전할 수 있습니다. 그들의 장래를 통해서 하나님이 영광을 받으시도록, 여러분은 썩는 밀알이 될 수 있습니다."

그는 이 설교를 들으며 가슴을 후벼내는 아픔을 느꼈습니다. 그러고는 눈물을 흘리면서 기도하는데 이상한 일이 일어났습니다. 차갑고 메말라 있던 손이 갑자기 따뜻해졌습니다. 갑자기 음식이 먹고 싶다는 생각이 들었습니다. 그래서 자기를 앉혀달라고 하고는 튜브도 빼고 죽을 먹었다고 합니다. 며칠 후에는 의사들이 깜짝 놀랄 정도로 몸이 많이 회복되었습니다.

어느 정도 거동이 가능해지자 그는 가방을 싸서 부인과 같이 연변으로 떠났습니다. '나도 이제 하나님의 영광을 위해서 내 몸을 던져보자. 하나님이 그것을 위해 나를 살려두셨으니까 그렇게 살아보자' 하고는 연변과학기술대학 건축과 교수로 일하기

4 예수님이 세상을 구원하시기 위해 하나님께로부터 받은 것은 무엇입니까?(참고/ 마태복음 28:18)

　○ 2절/

5 3절 말씀을 토대로 구원, 즉 영생을 얻는 길이 무엇인지 설명해 보십시오. 왜 하나님과 예수님을 동시에 알아야 합니까? 그리고 여기서 안다는 것은 믿는다는 것과 어떤 관계가 있습니까?(참고/ 베드로후서 1:2~3)

6 예수님은 '내게 주신 자들'이라는 말씀을 자주 사용하십니다. 2, 6, 7, 9절 말씀에서 이들은 누구를 가리킵니까?(참고/ 요한복음 6:37, 39, 10:27)

7 주님이 제자들을 세상에 남겨 놓고 떠나시면서 간절히 원하신 것은 무엇입니까?

○ 11절/

8 하나님의 자녀들, 다시 말해 교회는 세상에서 하나 되어야 합니다. 서로 물고 뜯으며 하나 되지 못하면 하나님을 영화롭게 할 수 없습니다. 그렇다면 무엇으로 하나 되어야 하는지 다음의 구절들을 살펴봅시다.

○ 에베소서 4:3/

○ 에베소서 4:13/

○ 요한복음 13:34~35/

9 다음 글을 읽고 느낀 것을 나누어 보십시오.

> 신약성경을 처음부터 마지막까지 다 읽어보십시오. 특별히 신약성
> 경이 지상 교회에 대해 말씀하는 내용을 주목해보십시오. 고립된
> 한 사람의 교회를 발견할 수 있습니까? 절대 그럴 수 없습니다. 고
> 립된 한 사람의 교회는 존재하지 않습니다. 진리와 사랑으로 하나
> 가 되지 못하면 개인의 신앙은 그 자체로 존재하지 못합니다. 교회
> 안에서 배타적으로 자기 혼자만의 신앙생활을 하는 사람일수록
> 건전한 믿음과는 거리가 멉니다. 교회 안에서 나 홀로 신앙생활하
> 는 사람치고 예수님의 마음에 들 만큼 인격이 성숙하고, 삶이 거룩
> 한 사람을 보셨습니까? 불가능한 일입니다. 하나가 되지 못하면 신
> 앙이 건강할 수 없습니다. 인격도 성숙할 수 없습니다. 주님을 위해
> 서 쓰임받는 사람이 될 수도 없습니다.
>
> 교회 안을 한번 둘러보십시오. 얼마나 많은 소그룹 모임들이 있
> 습니까? 얼마나 많은 봉사 부서들이 있습니까? 그럼에도 그들과
> 하나 되는 것이 싫어서 예배만 겨우 참석하고, 일주일 동안 나 홀로
> 세상을 사는 사람들이 적지 않습니다. 그러나 그러한 삶은 우리가
> 하나 되기를 위해서 기도하시는 주님의 의도를 완전히 거부하는 것
> 이나 마찬가지입니다.

삶의 열매를 거두며

우리는 하나 되었습니까? 우리 주위에는 하나 되지 못하게 하는 마귀의 시험이 많이 있습니다. 우리가 늘 조심해야 할 시험들은 무엇인지 이야기해 봅시다. 그리고 이런 시험에서 건져 달라고 함께 기도합시다.

주님은 지금도 기도하신다

요한복음 17:13~26

마음의 문을 열며

지난 시간에 이어 주님이 세상을 떠나시기 직전에 마지막으로 하신 대제사장의 기도를 공부하려고 합니다. 주님의 기도를 들으면서 우리가 받는 은혜는 한두 가지가 아닙니다. 예수님은 분명히 가장 중요한 기도를 하셨을 것입니다. 그리고 간절하게 기도하셨을 것입니다. 뿐만 아니라 자신이 드린 기도가 응답되기를 소원하시면서 기도하셨을 것입니다.

주님의 권세 있는 중보기도가 지금도 계속 되고 있기에 오늘의 교회가 건재할 수 있고 우리 개개인이 믿음 안에서 살아갈 수 있습니다. 기도하시는 주님께 모든 찬양과 감사를 드리는 심정으로 말씀을 상고하도록 합시다.

1 세상을 떠나시기 전에 중보기도하시는 주님을 보면서 우리가 알 수 있는 사실이 있습니다. 그것은 무엇입니까?

○ 히브리서 4:14/

○ 로마서 8:34/

2 우리는 누군가가 나를 위해 기도해 주고 있다는 사실을 알게 되면 감동합니다. 다음 간증을 읽어보십시오.

며칠 전 생전 처음 보는 부부가 찾아온 일이 있습니다. 남편은 목사님인데, 한국전쟁에 참전했다가 실명하였습니다. 사모님은 평생 장애를 안고 있는 남편을 위해 헌신한 분입니다. 그들 사이에는 혈육이 하나도 없었습니다. 이 부부는 미국에 가서 13년 동안 사역을 하다가 미국 장로교의 파송을 받아 일본에 선교사로 들어갔습니다. 맹인 목사님이 선교를 한다고 한번 생각해보십시오. 사역에 얼마나 어려움이 많았겠습니까? 심지어 선교를 시작하자마자 사모님은 유방암에 걸려서 한쪽을 절제하고, 또 전이가 되어 다른 쪽도 잘라내면서 치열한 영적 전쟁을 치러야 했습니다. 그러나 그분들은 사탄의 방해 공작에 절대 넘어지지 않았습니다. 나이가 칠십이 가까워져 사역을 그만두실 때까지

10년 동안 사역을 너무나 훌륭하게 감당하셨습니다.

사모님이 사역을 마무리하고 미국으로 다시 돌아가는 길에 저를 찾아왔습니다. 그분은 저를 보시더니 대뜸 이런 말을 했습니다. "저는 지금까지 옥 목사님을 한 번도 본 일이 없어요. 사진은 어디서 한번 본 일이 있지만요. 7, 8년 전에 목사님의 설교 테이프를 우연히 들었는데 그때 '이 목사님을 위해서 기도해드려야겠다'는 생각이 갑자기 들어 지금까지 하루도 빼먹지 않고 목사님을 위해 기도해왔습니다. 오늘 이렇게 직접 만나니 참 좋네요."

저는 이런 말을 들으면 숨이 막힐 정도로 감격스럽습니다. 나를 위해 기도해준다는 말만큼 감격스러운 것이 어디 있습니까? 누군가 나를 위해 기도해준다는 말만 들어도 코끝이 찡해질 정도로 감동을 받는데, 하물며 하나님의 아들 예수 그리스도께서 '내 것이다. 아무도 손대지 마. 내가 기도한다' 하시며 애착을 가지고 나를 위해 기도해 주신다는데 어찌 감동받지 않을 수 있겠습니까?

3 십자가에서 승리하시고 만왕의 왕이 되신 예수님이 당신을 위해 지금도 기도하고 계신다는 사실을 믿습니까? 이것을 믿을 때 어떤 은혜를 누리게 됩니까?

4 15절에서 예수님은 무엇을 위해 기도하십니까?

5 성도는 악에 빠지지 말아야 합니다. 왜 그렇습니까?

　○ 16, 18절/

6 우리는 악에 빠지지 않기 위해 두 가지를 힘써야 합니다.

　○ 17절 (참고/ 시편 119:92; 에베소서 6:14)/

　○ 마태복음 6:13 (참고/ 에베소서 6:18)/

7 주님이 열한 명의 제자를 위해 하신 기도는 사실 누구를 위해 드린 기도입니까?

○ 20절/

8 예수님은 제자들과 지상의 교회가 하나 되게 해 달라고 다시 한번 기도하십니다. 21~23절의 말씀을 간단히 요약해 보십시오.

9 주님이 마지막으로 간구하신 내용은 무엇입니까?

○ 24절/

삶의 열매를 거두며

우리는 언젠가 주님이 하나님 나라에서 누리고 계시는 영광을 보게 될 것입니다. 그 영광의 끝자락만 보아도 우리는 너무 황홀해서 정신을 잃을 것입니다. 주님은 그 영광의 날이 오기를 기도하고 계십니다. 당신은 그날을 얼마나 사모하고 기도합니까?(참고/ 마가복음 9:2~8; 로마서 8:23~25)

아버지께서 주신 잔

요한복음 18:1~27

마음의 문을 열며

예수님은 다락방에서 제자들을 앞에 놓고 마지막 기도를 해주신 후에 그들과 함께 예루살렘성 밖으로 나가셨습니다. 어두운 밤하늘을 환하게 밝히는 달빛 아래, 예수님과 제자들은 비탈길을 걸어서 성벽을 따라 나 있는 기드론 시내로 내려갔습니다. 기드론 시내는 예루살렘과 감람산 사이를 가로지르는 조그마한 개천입니다. 당시에는 그 모습이 어떠했는지 모르겠지만 지금은 개천이라고 하기도 어려울 만큼 작은 실개천입니다.

예수님은 그곳으로 내려가셔서 서편 비탈에 자리 잡은 겟세마네 동산으로 들어가셨습니다. 요한복음에는 언급이 없지만, 누가복음에는 이곳이 예수님께서 낮에 예루살렘 성전에서 가르치시다가 저녁이면 자주 오셔서 쉬기도 하시고 기도도 하신 곳이라고 기록되어 있습니다(눅 22:39). 그곳에서 일어난 일을 살펴보도록 하겠습니다.

1 예수님은 십자가의 죽음이라는 쓴 잔을 마시기 위해 마지막으로 하실
일이 있었습니다. 그것은 기도였습니다. 기드론 시내를 건너 겟세마
네 동산으로 가신 이유는 기도하시기 위함이었습니다. 예수님은 그곳
에서 무슨 기도를 어떻게 하십니까?

○ 누가복음 22:42/

○ 누가복음 22:44/

2 예수님은 죽음을 피하지 않으셨습니다. 기꺼이 그 잔을 받기로 작정
하셨습니다. 예수님의 이 결연한 태도를 3~6절에서 찾아 기록해 봅
시다(참고/ 요한복음 10:11, 18).

3 죽음의 잔을 기꺼이 받으시는 예수님을 볼 때 어떤 생각이 듭니까?

4 예수님이 마시는 잔은 다른 누구와 나눌 수 있는 것이 아니었습니다. 예수님 홀로 마셔야 했습니다. 그런데도 베드로는 자기가 좀 거들 수 있다고 생각했던 것 같습니다. 그가 한 행동을 기록해 보십시오(참고/ 누가복음 22:33).

○ 10~11절/

5 베드로는 여전히 미련이 있어 예수님이 사지(死地)에 혼자 계시게 할 수 없다고 생각했습니다. 그래서 그분을 위해 자기가 해야 할 일을 찾았습니다. 그러나 그 결과 그는 더 비참해집니다. 15~18절과 25~27 절을 보면서 그가 어떤 상황으로 몰렸는지 살펴봅시다.

6 죄 사함 받고 영생을 얻기 위해서 우리가 할 일은 하나도 없다는 사실
을 믿습니까? 그렇게 믿는 이유는 무엇입니까?

7 안나스는 로마 황제에게 자기 민족을 팔고 대제사장 자리를 얻어 9년
간 권세를 휘두른 인물입니다. 그러다가 무슨 이유에서인지 그는 면
직을 당하여 놀고 있었습니다. 그런 그에게 끌려가신 예수님은 매우
당당하게 행동하십니다. 대제사장의 질문에 뭐라고 대답하십니까?

○ 19~21절/

8 혐의 사실을 입증하기도 전에 피고를 폭행하는 것은 불법 중에 불법
입니다. 예수님은 자기를 구타한 사람에게 예수님은 뭐라고 항의하십
니까?

○ 22~23절/

9 자기를 치는 사람을 향해 항의하시는 예수님을 보며 많은 것을 생각하게 됩니다. 주님의 언동은 그분이 교훈하신 마태복음 5장 39절의 말씀과 모순된다고 생각하지 않습니까?

삶의 열매를 거두며

유대 나라는 웬만하면 죄수들을 사형하지 않으려고 노력하는 법 정신을 가지고 있었습니다. "만일 산헤드린 공회가 7년 동안 한 사람이라도 사형 선고를 했다면 그곳은 도살장이다"라는 기록도 있을 정도였습니다. 그만큼 사형 선고를 줄이려고 노력하면서도 예수님에 대해서만은 철저하게 예외였습니다. 하나부터 열까지 모든 것이 불법이었습니다. 밤에 재판한 것, 약식으로 처리한 것, 증인도 없으면서 유도 심문을 한 것, 집단 폭행을 한 것이 모두 불법이었습니다. 그러나 주님은 이 모든 억울함에도 불구하고 묵묵히, 변명 한 마디 없이, 항의하는 몸짓 하나 없이 그 잔을 받으셨습니다.

오늘도 주님은 제게 이렇게 말씀하시는 것 같습니다. "억울해도 괜찮아. 네가 하나님 나라에서 복을 누릴 수만 있다면 나는 얼마든지 참을 수 있어." 그렇습니다. 주님은 내가 당할 억울함을 대신 감당하셨습니다. 당신에게도 이 음성을 들려주시길 바랍니다.

네가 유대인의 왕이냐?

요한복음 18:28~40

마음의 문을 열며

요한복음 3장 16절에서 하나님은 놀라운 말씀을 하셨습니다. "하나님이 세상을 이처럼 사랑하사 독생자를 주셨으니 이는 그를 믿는 자마다 멸망하지 않고 영생을 얻게 하려 하심이라."

하나님께서 독생자를 주셨다는 말이 무슨 뜻일까요? 이 한 구절만 가지고는 이해하기가 어렵습니다. 그러나 요한복음 18장 28절 이하에서 '주셨다'는 말의 의미를 선명하게 알 수 있습니다. 하나님께서 외아들을 십자가에 내주어 죽이기로 작정하셨다는 뜻입니다.

예수님이 십자가에서 죽으시는 것은 하나님의 단호한 뜻이었습니다. 베드로가 사도행전 2장 23절에서 말한 것처럼, 예수님은 "하나님께서 정하신 뜻과 미리 아신 대로" 십자가에 달려 죽으셨습니다. 이 십자가의 은혜를 경험하는 시간이 되길 기대합니다.

1   대제사장과 그 무리는 예수님을 빌라도에게 끌고 가서 행악자라고 고
소합니다. 이 사실을 보면서 당신은 어떤 생각이 듭니까?

○ 29~30절/

2   예수님을 고소한 자들이 빌라도를 찾아간 이유는 무엇입니까?

○ 31절/

3   당시 유대 나라는 로마의 속국이어서 함부로 사형을 선고할 수 없었
습니다. 그러나 종교 문제인 경우는 사람을 죽여도 로마 당국이 묵인
해 주었습니다. 가장 대표적인 예가 스데반을 돌로 쳐 죽인 사건입니
다. 따라서 예수님도 그런 식으로 처리할 수 있었습니다. 그럼에도 그
들이 그렇게 하지 않고 예수님을 빌라도에게 끌고 간 이유는 무엇이
겠습니까? 그들은 예수님을 돌로 쳐죽이는 것으로는 성에 차지 않았
던 것입니다. 그래서 로마법에 의지해서 가장 잔인하다는 십자가형으
로 처형하고 싶었던 것입니다. 32절과 19장 6절에서 이 사실을 확인
해 봅시다.

4 우리는 유대 폭도들을 보면서 사람이 증오에 눈이 멀고 악으로 양심
이 마비되면 마귀처럼 변할 수 있다는 것을 배우게 됩니다. 당신의 생
각은 어떻습니까?

5 "네가 유대인의 왕이냐"라고 묻는 빌라도의 질문에 예수님은 어떻게
대답하십니까?

  ○ 36절/

6 예수님의 나라가 세상에 속하지 않았다는 사실이 우리의 생각과 행동
에 어떤 영향을 미칠 수 있는지 몇 가지 예를 들어 봅시다.

7 예수님이 세상에 오신 목적이 무엇입니까?

  ○ 37절/

8 진리에 대하여 증언하러 오셨다는 말씀의 의미가 무엇입니까? 다음 글을 읽어봅시다.

하나님 나라는 만유를 창조하신 하나님께서 살아 계신다는 진리가 선포되는 곳에 이루어집니다. 하나님 나라는 모든 인생이 하나님께 범죄하여 영원한 멸망을 앞둔 채로 살아가는, 저주받은 존재들이라는 것을 가르쳐주는 진리 위에 세워집니다. 하나님 나라는 모든 인생은 구원받아야 하고, 모두에게 구원자가 필요하다는 것을 절실히 깨닫게 해주는 진리 위에 세워집니다. 하나님 나라는 예수님만이 우리의 구원자요, 예수님을 통해서만 우리가 율법의 저주에서 벗어나 하나님 나라에 속한 의의 백성이 될 수 있다는 진리를 듣는 사람들이 찾아와서 이루는 나라입니다. 그 나라의 왕은 예수 그리스도십니다. 이러한 진리를 세상에 증거하기 위해 예수님이 오셨습니다. 예수님 자신이 진리이시기 때문입니다.

9 빌라도는 예수님에게 죄가 없다고 했습니다. 그런데 놀랍게도 예수님의 무죄를 증언한 자들이 모두 예수님을 죽이는 데 가담했습니다. 그들은 누구입니까?

○ 빌라도 (38절, 19:4, 6)/

○ 가룟 유다 (마태복음 27:4)/

....

○ 빌라도 아내 (마태복음 27:19)/

....

○ 헤롯 왕 (누가복음 23:14, 15)/

....

○ 백부장 (마태복음 27:54)/

....

삶의 열매를 거두며

결국 빌라도는 의인이신 예수님을 십자가에 내주고 강도 바라바를 자유의 몸으로 석방했습니다. 이 엄청난 모순을 보면서 무슨 생각이 듭니까? 바라바가 바로 우리 자신을 투영하고 있는 인물이라고 생각하지 않습니까?

십자가의 고난

요한복음 19:1~22

마음의 문을 열며

예수님이 우리를 위해 당하신 십자가의 고난을 공부한다는 것은 불가능한 일입니다. 그 고통의 신비가 너무 높아서 우리의 지성으로는 이해할 수 없기 때문입니다. 그 고통의 맛이 너무 깊어서 우리의 감성으로는 맛볼 수 없기 때문입니다. 그분이 당하신 고통이 안고 있는 모순은 모든 양심의 소리를 죽이고 모든 상식의 틀을 파괴하고도 남을 정도입니다. 죄인들이 의인이신 하나님의 아들에게 극형을 집행한 이 모순을 어떻게 설명할 수 있습니까? 이 시간 성령님이 우리를 십자가 앞으로 인도해 주시도록 기도합시다. 정말 기도가 필요합니다.

1 예수님에게 죄가 없다고 하면서도 그분에게 가한 고문을 보면 빌라도가 얼마나 잔인한 인간이었는지 알 수 있습니다. 1~3절을 보십시오.

2 유대인들은 어떻게 해서든 예수님을 십자가에 달기 위해 생각해 낼 수 있는 죄목을 다 가져옵니다. 그들은 먼저 예수님을 사회적 범법자로 몰아 세우며 행악자라고 고소합니다(18:30). 그런데 그것이 잘 안 통하자 하나님의 아들이라고 했다는 것을 가지고 종교적 범법자로 몰고 갑니다. 그런데도 빌라도가 주저하는 것을 보자 그들은 다시 예수님을 정치적 반역자로 고소합니다. 그때 그들은 뭐라고 소리칩니까?

○ 12~15절/

3 세상에는 예수님처럼 억울한 누명을 쓰고 죽어간 자들이 너무 많습니다. 공의를 외치는 자들은 많지만 실제로는 그 공의가 잘 실현되고 있지 않습니다. 그렇기에 세상은 하나님의 심판을 받아야 합니다. 그래야 잘못된 것들이 드러날 것입니다. 억울한 재판을 받거나 그로 인해 처형을 당한 자들 가운데 당신이 아는 경우가 있다면 예로 들어 봅시다.

4 빌라도는 예수님의 운명이 자기 손에 있다고 생각했습니다. 그러나 이 생각은 잘못된 것입니다. 그 이유는 무엇입니까?

○ 10~11절/

5 하나님께서는 대제사장과 빌라도의 악을 선으로 바꾸어 우리의 구원을 이루셨습니다. 다음 글을 읽고 요점을 정리합시다.

악이 선으로 바뀌는 사례는 인류 역사에서 참 많이 나타납니다. 유명한 역사가 토인비는 이런 사실을 가리켜 '역사의 역설'이라고 표현했습니다. 분명히 악한 의도였는데, 나중에 보면 선을 가져오는 하나의 통로가 되는 일이 역사에서 비일비재합니다. 어떤 신학자는 이를 가리켜 '역전의 법칙'(law of the reverse)이라고 표현하기도 했습니다. 하나님의 아들을 없애기 위한 십자가 처형이 오히려 세상을 구하는 능력이 된 것이야말로 가장 좋은 예입니다.

또 다른 좋은 예가 있습니다. 로마 황제들은 지중해 연안에 있는 자기 나라 사방에다가 도로를 닦았습니다. '모든 길은 로마로 통한다'라는 말이 있을 만큼 도로를 잘 닦아놓았습니다. 그들이 도로를 닦은 목적은 사실, 지중해에서 판을 치는 해적을 빨리 섬멸하여 로마에 안정을 가져오고, 또 영토를 확장하기 위해서였습니다. 그러나 황제들은 의도했던 목적을 별로 이루지 못했고, 그 도로는 오히려 엉뚱한 사건을 불러일으켰습니다. 로마 황제가 보기에는 떠돌이 거지에 지나지 않은 유대인 사도 바울이 그 도로를 이용해 지중해 연안을 돌아다니면서 하나님 나라를 전파하고 복음을 전하여 하나님의 뜻을 이 땅에 폈으니 말입니다. 이것을 일컬어 토인비는 '역사의 역설'의 한 예라고 했습니다.

6 하나님께서 악을 선으로 바꾸시는 것은 우리를 구원하시는 일에만 적용되는 것이 아닙니다. 우리 개인의 생활에서도 그대로 적용됩니다. 지금 당신이 악처럼 보이는 고통을 당하고 있습니까? 건강 관리를 열심히 했는데 병이 생겼습니까? 최선을 다해 성실하게 일한 직장에서 쫓겨났습니까? 의롭게 살려고 애쓰는데 악하게 사는 사람보다 더 고통스러운 나날을 보냅니까? 이 모두가 악입니다. 그러나 하나님께서는 주님을 사랑하는 자를 위해 모든 악을 선으로 바꾸어 주십니다. 이 사실을 믿습니까?(참고/ 창세기 50:19~20; 로마서 8:28)

7 예수님은 두 강도와 함께 십자가에 못박히셨습니다. 더욱이 그분은 강도들을 좌우에 두고 중앙에 매달리셨습니다. 이 기막힌 장면이 우리에게 주는 영적 의미가 무엇이라고 생각합니까?(참고/ 이사야 53:9; 고린도후서 5:21)

○ 17~18절/

8 예수님의 십자가에 붙은 팻말에는 무슨 글이 쓰여 있었습니까?

○ 19절/

9 대제사장들은 예수님의 팻말 앞에 '자칭'이라는 말을 덧붙일 것을 빌라도에게 요청하지만 거절당합니다. 여기에는 하나님의 절대적인 간섭이 있음에 틀림없습니다. 만일 '자칭 유대인의 왕'이라고 고쳤다면 어떻게 되겠습니까?(참고/ 요한복음 18:37)

○ 21~22절/

이 시간 우리는 십자가의 고난을 조금 들여다보았습니다. 당신이 느낀 점은 무엇입니까? 어떤 감동을 받고 있습니까?

다 이루었다 하시고

요한복음 19:23~30

마음의 문을 열며

예수님은 우리를 위해 십자가에서 죽으셨습니다. 그분의 거룩한 죽음을 바라보는 자마다 죄를 회개하고 구원을 받습니다. 세상은 십자가의 도를 모릅니다. 그래서 그들은 미련한 짓이라고 비웃습니다. 그러나 사실은 우리를 구원하시는 하나님의 지혜요 능력입니다. 이 시간에 성령님이 우리를 십자가 앞으로 인도해 주시도록 기도하면서 함께 말씀을 나누도록 합시다.

말씀의 씨를 뿌리며

1 십자가형이 확정되자, 네 명이 한 조를 이룬 로마 군인들이 예수님을 인계받았습니다. 그들은 예수님을 골고다까지 호송하고 사형을 집행하는 책임을 진 사람들입니다. 그 일을 함으로써 그들이 기대할 수 있는 수입이 있다면 못박히신 예수 그리스도의 옷을 나누는 것입니다. 옷이 귀한 때였기에 그것도 큰 소득이었습니다. 당시 유대 남성들의 정장은 보통 다섯 가지 정도로 이루어져 있었습니다. 머리에 쓰는 터번과 신발, 속옷 한 벌, 외투 한 벌, 허리띠가 그것입니다. 아마 외투는 계급이 제일 높은 사람이 가졌을 것이고 신발 같은 것은 계급이 제일 낮은 사람이 차지했을 것입니다. 그리고 마지막으로 남은 속옷은 통으로 짠 것이라 나누기 어렵게 되자 그들은 어떻게 합니까?

○ 23~24절/

2 군인들이 제비 뽑아 옷을 나눈 것은 놀랍게도 구약성경의 예언을 이루는 사건이 되었습니다. 시편 22편 18절과 본문 24절을 비교해 보십시오.

3 예수님이 선지자의 예언대로 죽으셨다는 사실을 증명하기 위해 저자 요한은 세 가지 사실을 더 언급합니다. 그것이 무엇입니까?

  ○ 28, 36~37절/

4 구약성경의 예언대로 예수님이 죽으셨음을 증명하는 것이 왜 중요합니까?(참고/ 누가복음 24:44; 고린도전서 15:3, 5)

5 예수님은 십자가상에서 참을 수 없는 고통을 당하시면서도 어머니 마리아를 걱정하셨습니다. 26~27절에서 그 사실을 살펴봅시다.

6 오늘날의 타락한 세상에서는 늙은 부모들이 천덕꾸러기 대우를 받고 있습니다. 당신은 부모에게 효도하고 있습니까?

7 28절을 보면 예수님은 인간이 겪는 영적, 정신적 갈증을 십자가에서 맛보셨습니다. 그렇기에 예수님 앞으로 나오는 자는 목마름이 사라집니다. 이전에 당신이 느낀 갈증은 어떤 것입니까? 또한 현재는 그 갈증이 사라졌습니까?(참고/ 요한복음 4:14)

8 예수님이 십자가상에서 하신 마지막 말씀은 무엇입니까?

　○ 30절/

9 "다 이루었다"라는 말 속에는 몇 가지 중요한 의미가 담겨 있습니다. 그것이 무엇입니까?

　○ 로마서 10:4/

○ 누가복음 24:44/

○ 히브리서 10:19~20/

○ 로마서 15:8/

삶의 열매를 거두며

세상을 구원하신 예수님의 십자가 죽음은 우리의 찬송이요 자랑입니다. 다음 글을 읽고 우리도 십자가만 자랑하는 자들이 되도록 합시다.

당시의 유명한 교부 터툴리안이 쓴 글입니다. "우리는 여행을 떠나 다른 곳에 가든지, 집에 있든지, 외출하려고 신을 신든지, 목욕을 하든지, 식사를 하든지, 불을 켜든지, 잠자리에 들든지, 앉아 있든지, 그 무엇을 하든지 간에 이마에 십자가를 그었습니다. 소리 높여 십자가를 찬양할 수 없는 숨 막히는 환경이었기에 우리는 손으로 이마에 십자가를 그으면서 십자가를 자랑했습니다. 십자가 앞에서 눈물도 많이 흘렸습니다. 주님께서 원하실 때는 십자가 앞에 자기 목숨도 아낌없이 내어 주었습니다. 그래서 불 속에도 뛰어들었고, 짐승 앞으로도 달려갔고, 가족을 빼앗기는 고통도 감수하면서 십자가를 자랑했습니다."

예수님의 장례

요한복음 19:31~42

마음의 문을 열며

로마식대로 한다면 십자가형을 받아 죽은 사람은 장사지내지 않습니다. 시체를 십자가 위에서 부패하게 그대로 내버려두든지, 십자가에서 끌어내려서 구덩이에 던져 새나 짐승이 뜯어 먹게 합니다. 하지만 하나님께서는 세상 죄를 짊어지고 죽으신 예수님의 시체를 그렇게 취급하지 못하게 하셨습니다. 지체 높은 귀인의 죽음처럼 장례를 치르게 하셨습니다. 이는 숨겨 놓았던 두 사람을 보내신 것을 통해 알 수 있습니다.

우리도 지금 예수님의 장례식을 지켜보고 있습니다. 날 위해 죄 없이 죽으신 우리 예수님의 장례식 말입니다.

1   예수님이 운명하신 금요일은 유대인들이 안식일을 예비하는 날이었습니다. 특별히 그날은 유월절을 겸한 안식일의 바로 전날이었기에 대제사장들은 매우 바쁘게 서둘렀습니다. 그들이 서두른 일은 무엇입니까?(참고/ 신명기 21:23)

○ 31절/
....
....
....

2   십자가에 못박힌 죄수는 호흡할 때 다리에 힘을 주고 몸을 일으키면서 가슴을 펴야 합니다. 그러므로 다리를 쳐서 부러뜨리면 더 이상 호흡할 수 없어 곧 죽게 됩니다. 두 강도와 달리 예수님의 다리는 꺾을 필요가 없었습니다. 생각보다 빨리 운명하신 주님을 보며 당신은 무엇을 느낍니까?

....
....
....

3   예수님이 이미 운명하셨다고 해도 군인들은 명령을 받은 대로 예수님의 다리를 꺾었어야 했습니다. 그러나 그들은 누가 시키지도 않았는데 창으로 예수님의 옆구리를 찔렀습니다. 이것은 즉흥적인 행동이었습니다. 그러나 놀랍게도 그들의 행동은 성경의 예언을 성취하는 일이 됩니다.

○ 민수기 9:12/

○ 시편 34:20/

○ 스가랴 12:10/

4 창에 찔리신 예수님의 옆구리에서 피와 물이 따로 쏟아져 나왔습니다. 이것은 의학적으로 완전히 죽었음을 의미합니다. 저자 요한은 이 사실에 대해 뭐라고 강조합니까?

○ 35절/

5 다음 글을 읽고 핵심을 정리하십시오.

> 요한은 예수님이 피와 물을 쏟으셨음을 증언합니다. 그 배후에는 더 중요한 이유가 있습니다. 예수님이 확실히 죽으셨음을 증거 하기 위해서입니다. 예수님이 확실히 죽으셨다는 사실은 큰 의미가 있습니다. 예수님이 죽었으면 죽었지 굳이 확실히 죽었다고 증명해야 할 필요가 있느냐고 따질지 모르지만, 요한이 복음서를 기록할 당시 상황을 살펴보면 이해할 수 있습니다.
>
> 당시에는 영지주의와 같은 이단의 무리가 예수 믿는 사람들을 미혹했습니다. 그들은 예수님이 실제 몸을 가지신 분이 아니라 가상의 육체를 가지고 세상에 오셨기 때문에 십자가에서 죽

으신 것도 죽은 것처럼 보이는 가상현상에 지나지 않는다고 가르쳤습니다. 그들은 예수님이 하나님이라면 하나님이 어떻게 죽을 수 있느냐고 했습니다. 그런 유혹에 넘어가는 사람들이 교회 안에 더러 있었기 때문에 사도 요한은 요한복음을 기록하면서 특별히 예수님은 우리와 똑같은 몸을 가지셨으며, 우리와 똑같이 피와 물을 쏟으면서 확실히 죽으셨음을 증명하는 것입니다.

6 기독교를 비판하는 자들은 예수님이 기절했다가 깨어난 것을 가지고 성경에서는 죽었다 부활한 것처럼 꾸미고 있다는 말을 합니다. 당신은 이런 견해에 대해 어떻게 반박하시겠습니까?

7 예수님이 십자가에서 운명하시자 그의 장례를 위해 하나님이 예비해 놓으신 두 사람이 있었습니다. 그들은 누구입니까?

○ 38~39절/

8 요셉에 대한 다음 글을 읽고 마음에 와 닿는 내용을 나누어 봅시다.

요셉에게는 복음서마다 예수님의 제자라는 이름을 붙이고 있습니다. 이것은 그가 예수님에게서 상당히 많은 영향을 받았던 유대 고위층 가운데 하나였음을 암시합니다. 그러나 평소에는 자기 신분을 드러내지 않고 숨어 있는 제자였습니다. 마태복음에서는 요셉을 부자라고 했고, 마가복음에서는 존귀한 공회원, 즉 예수님을 재판했던 산헤드린 공회원 가운데 한 사람이라고 말했습니다. 산헤드린 공회원이라면 유대에서 71명밖에 되지 않는 최고위급 귀족 그룹에 속합니다. 또한 하나님의 나라를 기다리는 사람들이기도 합니다. 누가복음에 등장하는 요셉은 선하고 의로운 사람입니다. 예수님을 재판해서 십자가에 못 박아 죽이려고 모의하던 자기 동료들과는 뜻을 같이하지 않은 사람입니다.

마가복음에 의하면 요셉은 예수님이 십자가에서 운명하시는 것을 보자마자 당돌하게도 빌라도에게 가서 시체를 달라고 요청했습니다. 산헤드린 공회원 가운데 한 사람으로서 예수의 시체를 달라고 하고, 장사 지낼 허가서까지 요청하는 일은 어떤 면에서 자살 행위나 다름없을 정도로 위험한 태도였습니다. 그러나 요셉은 자기 운명이 앞으로 어떻게 될지를 생각할 겨를도 없이 예수님을 장사하기 위해 허가를 받아냈고, 언제 준비했는지 모르지만 새 무덤을 마련했다가 예수님을 거기에 장례했습니다.

요셉은 자기 운명이 앞으로 어떻게 될지를 생각할 겨를도 없이 예수님을 장사하기 위해 허가를 받아냈고, 언제 준비했는지 모르지만 새 무덤을 마련했다가 예수님을 거기에 장례했습니다.

9 요한복음 12장 42~43절을 보면, 니고데모와 요셉이 예수님의 죽음을 지켜보기 전에는 자신을 예수의 제자로 드러내어 행동할 수 있는 강한 믿음의 소유자가 아니었습니다. 이를 통해 우리가 배워야 할 교훈은 무엇이라고 생각합니까?

 **삶의 열매를 거두며**

예수님은 부자의 무덤에 장사되셨습니다. 하나님께서는 이 사실을 600여 년 전에 예언해 놓으셨습니다. 이사야 53장 9절을 읽어보십시오. 하나님의 섭리가 얼마나 놀라운지 모릅니다. 당신의 생각은 어떻습니까?

빈 무덤

요한복음 20:1~18

마음의 문을 열며

예수님의 부활은 기독교의 핵심이 되는 진리입니다. 부활이 거짓이면 기독교도 거짓입니다. 부활이 진실이면 기독교의 진리도 진실입니다. 부활이 사실이기에 우리의 믿음이 약속 있는 것이며 복된 것이지, 만약 부활이 거짓이라면 우리의 믿음도 헛것이고, 세상에서 예수 믿는 사람만큼 불쌍한 사람도 없을 것입니다. 그러므로 신앙생활을 똑바로 하려면 예수님이 부활하셨다는 사실만큼은 굳게 믿어야 합니다. 또 이 부활을 믿음으로 하나님이 주시는 놀라운 복을 이 땅에서 누리고 사는 사람이 되어야 합니다. 이 시간 우리 모두 주님의 부활을 믿으며 기뻐합시다.

말씀의 씨를 뿌리며

1 안식 후 첫날 이른 아침에 막달라 마리아와 여인 몇 명이 미리 준비한 향품을 가지고 무덤을 찾아갔습니다. 시간에 쫓겨 급하게 장례를 치렀기에 다시 손을 보아야 할 일이 있었던 것입니다. 이 여인들에게는 예수님을 향한 사랑은 있으나 그분이 다시 살아나리라는 믿음이나 기대는 전혀 없었습니다. 무엇을 보고 알 수 있습니까?

  ○ 1~2절/

2 베드로와 다른 제자가 무덤으로 달려가서 확인한 것은 무엇입니까?

  ○ 3~7절/

3 사람이 영적으로 어두우면 예수님의 말씀을 믿기가 얼마나 어려운지 모릅니다. 9절과 누가복음 18장 31~34절을 비교해 봅시다.

4 부활하신 주님이 제일 먼저 만나주신 자는 누구입니까?

　○ 11~18절/

5 에덴 동산에서 인류를 범죄로 끌어들인 자가 여자였는데 부활의 주님
이 제일 먼저 찾으신 자도 여자였습니다. 이런 사실을 놓고 무엇을 깨
닫게 됩니까?(참고/ 로마서 5:20)

6 예수님을 본 마리아가 너무 반가운 마음에 그분을 붙잡으려 하자 주
님이 뭐라고 말씀하십니까?(참고/ 마태복음 28:9)

　○ 17절/

7 “아직 아버지께로 올라가지 아니하였노라”, “곧 너희 하나님께로 올라
간다”라고 하신 말씀의 의미가 무엇입니까?(참고/ 사도행전 1:9~11)

8 하나님께서는 당시 법적으로 증인의 자격이 없는 여인들, 그중에서도
천한 여인들을 세워 부활의 증인으로 삼으셨습니다. 여기에는 심오한
기독교의 은혜와 능력이 담겨 있는데 고린도전서 1장 26~29절을 통
해 이 사실을 확인하십시오.

9 지성인들 중에는 아직도 예수님의 부활을 부인하고 조작된 이야기라
고 믿는 자들이 많습니다. 다음 글을 읽고 당신의 생각을 말해봅시다.

> 어떤 사람은, 시체를 찾지 못한 마리아가 절망하고 집에 가서 혼
> 자 곰곰이 생각하다가 예수가 부활한 것이 틀림없다는 확신에
> 사로잡혔고, 이러한 가벼운 정신착란 증세로 자기도 모르게 예
> 수가 부활했다는 말을 퍼뜨리기 시작한 것으로 예수가 부활했
> 다는 기독교 신앙이 생겨났다고 말합니다.
>
> 또 어떤 사람은, 예수의 제자들이 이스라엘의 꿈이요 소망이

라고 믿었던 예수가 십자가에서 맥없이 처형당해 처참하게 죽자, 스승을 너무 그리워한 나머지 예수님이 비록 십자가에 처형되었지만 정신적으로는 계속 자신들 곁에 살아계신다고 생각하고, 그것을 나중에는 말로 옮기면서 예수님의 부활 신앙이 생겼다고 주장합니다.

그런데 예수 부활을 별로 달갑게 여기지 않던 유대인 학자 요셉 클라우스너는 이런 말을 했습니다. "그러한 논리로 예수 부활을 부정하는 일은 불가능하다. 어떻게 미친 여자가 정신착란으로 만들어낸 말 한마디에 넘어가서, 어떻게 스승을 그리워하던 제자들이 착각을 일으켜 예수가 살아난 것처럼 조작한 이야기에 속아서 1,900년이 넘는 세월 동안 수백만, 수천만, 수억의 사람들이 예수가 부활했음을 믿을 수 있었겠는가? 어떻게 정신 나간 사람들의 소문에 뿌리를 두고 기독교가 종교로 인정받을 수 있었겠는가? 그러므로 예수의 부활을 부정하면서 만들어낸 이야기는 예수가 부활했다는 이야기보다 더 믿을 수 없다."

삶의 열매를 거두며

부활의 신앙을 믿는 자는 슬픔이 기쁨으로 바뀌는 체험을 하게 됩니다. 당신에게는 이런 기쁨이 있습니까?

부활의 주님을 만나라

요한복음 20:19~31

마음의 문을 열며

부활하신 예수님은 맨 처음 막달라 마리아를 만나셨습니다. 그리고 그 다음에는 제자들을 만나셨습니다. 베드로를 개인적으로 만나셨고 엠마오로 가는 두 제자를 만나셨습니다. 본문에는 10명의 제자들을 만나신 이야기와 11명의 제자들을 한꺼번에 만나신 사실이 기록되어 있습니다. 예수님은 부활하신 후 누구나 그분을 볼 수 있도록 자기를 나타내지 않으셨습니다. 주님은 이미 신령한 몸을 가지고 계셨기에 원하는 자들만 볼 수 있도록 자신을 드러내셨습니다.

우리는 부활의 주님을 목격했던 제자들의 증언을 들으며 주님이 살아나셨고 지금도 살아 계심을 믿는 것입니다. 이 시간 살아 계신 주님을 만나는 은혜가 있기를 바랍니다.

말씀의 씨를 뿌리며

1 안식 후 첫날, 다시 말해 주일날 예수님이 제자들을 찾으셨을 때 그들의 형편은 어떠했습니까?

○ 19절/

2 예수님은 부활 소식을 듣고도 잘 믿지 못하는 제자들이 믿을 수 있도록 자상하게 배려해주십니다. 그것이 무엇입니까?(참고/ 누가복음 24:36~43)

○ 20절/

○ 27절/

3 21절 말씀은 우리 모두에게 주신 주님의 '소명장'입니다. 그 내용을 쉽게 풀어보십시오(참고/ 요한복음 17:18).

4 당신은 부활의 주님이 파송하신 소명자임을 믿습니까? 이 믿음이 당신의 생각과 행동에 어떤 영향을 끼치고 있습니까?

5 제자들은 오순절 성령이 강림하시기 전에 이미 성령의 특별한 감동을 체험했습니다. 그래서 아무도 도전할 수 없는 영적 권위를 갖게 되었습니다. 22~23절을 읽어보십시오.

6 도마의 불만은 무엇입니까?

○ 24~25절/

7 도마와 비슷한 생각을 가진 자들이 많습니다. 다음 이야기를 읽어보십시오.

몇 년 전 《뉴스위크》에 하나님의 존재를 끝까지 부인한 어느 과학자의 죽음에 대한 기사가 실렸습니다. 그는 미국의 저명한 천문학자 칼 세이건 박사입니다. 그는 골수암으로 투병하다 62세의 나이로 세상을 떠났습니다. 그는 평소에 하나님의 존재와 예수 그리스도와 그의 부활, 그리고 그가 주는 영생에 대해서 관심이 많았습니다. 그는 그것을 좀더 알고 싶어서 여러 기독교 지도자들과 대화도 많이 나누었다고 합니다. 그리고 병상에 있을 동안 여러 교회에서 그를 위해 기도했다고 합니다. 그러나 그의 기본 입장은 이것이었습니다. "증거가 없는 한 확실히 알 수 없는 일이요, 확실히 알 수 없는 한 믿을 수 없는 일이다." 철저한 불가지론을 고수하고 있었던 것입니다. 어느 날 그는 미국의 큰 기독교 단체를 책임지고 있는 어떤 목사님과 믿음에 관해서 여러 가지 대화를 나누고 있었습니다. 대화 중에 그는 그 목사님께 너무나 답답하다는 듯 이렇게 말했다고 합니다. "당신같이 똑똑한 사람이 어떻게 하나님을 믿는가?" 그러자 목사님은 이렇게 되물었다고 합니다. "당신같이 똑똑한 사람이 어떻게 하나님을 믿지 못하는가?" 두 사람은 많은 대화를 주고받았지만 그는 끝까지 믿기를 거부하고 숨을 거두었다고 합니다. 그가 죽은 다음에 그의 부인은 이렇게 말했습니다. "남편은 믿음을 갖고자 한 적이 없었다. 다만 알고자 했을 뿐이다."

알고자 하는 사람과 믿음을 갖기를 원하는 사람은 천지 차이입니다. 도마처럼 의심하는 사람은 만사를 자기 잣대로 재어 보고 믿으려고 합니다. 그러나 이런 사람은 절대 믿을 수 없습니다. 칼 세이건 박사가 이것을 잘 보여 주고 있습니다.

8 인자하신 예수님은 도마를 위해 특별히 찾아오셔서 어떻게 하십니까?

○ 26~28절/

9 기독교에는 독특한 진리가 있습니다. 이것은 전 인류를 복된 자리로
인도합니다. 이 진리는 무엇입니까?

○ 29절/

삶의 열매를 거두며

저자 요한이 요한복음을 기록한 목적은 무엇입니까? 그리고 당신은 이 복된 복음의 말씀을 주신 하나님께 얼마나 감사하며 기뻐하고 있습니까?

○ 30~31절/

갈릴리 바닷가에 서 계신 부활의 주님

요한복음 21:1~14

 마음의 문을 열며

죽음을 이기고 다시 살아나신 예수님은 이후 40여 일 동안 제자들과 자주 만나셨습니다. 요한복음 21장은 예수님이 제자들을 공적으로 만나신 세 번째 이야기를 기록했습니다.

베드로와 여섯 명의 제자들은 예루살렘에서 부활하신 예수님을 만난 후에 고향 갈릴리로 돌아왔습니다. 예수님께서 그들을 보고 갈릴리에서 다시 만나자고 말씀하셨기 때문입니다. 그곳에 와서 그들은 아마 여러 날을 무료하게 보냈던 것 같습니다. 어느 날 어느 시에 오시겠다고 구체적으로 약속하지 않으셨기 때문에 제자들은 예수님이 나타나실 때까지 그저 기다려야 했습니다.

오늘 우리는 그들을 찾으신 예수님의 은혜로운 모습을 만날 수 있습니다.

1 갈릴리로 내려간 일곱 명의 제자가 한 일은 무엇입니까?

○ 1~3절/

2 제자들이 고기잡이를 다시 시작한 것에 대해 두 가지 견해가 있습니다. 하나는 그들이 영적으로 타락했다는 것이고, 다른 하나는 생활비를 충당하기 위해 어쩔 수 없었다는 것입니다. 당신의 생각은 어떠합니까?

3 제자들이 남에게 폐 끼치지 않으려고 고기잡이를 했다고 봅니다. 이것은 절대 나무랄 일이 아닙니다. 그런데 가끔 주변에 보면 믿음은 좋은데 일하기 싫어서 남에게 폐 끼치는 자들이 있습니다. 우리는 이런 자들을 어떻게 대해야 합니까?(참고/ 데살로니가후서 3:8~12)

4 제자들이 밤새도록 헛수고를 하며 지쳐 있던 그때, 그들을 찾아오신 예수님은 뭐라고 말씀하십니까?

○ 4~6절/

5 부활의 주님을 만난 후 제자들의 입장에서 볼 때 그들이 밤새도록 빈 그물을 가지고 고생한 것은 헛수고가 아니었습니다. 빈 그물이 있었기에 하나님의 기적을 체험할 수 있었습니다. 당신에게도 비슷한 경험이 있다면 나누어 봅시다(참고/ 시편 119:71).

6 다음 이야기를 읽고 깨달은 것을 말해보십시오.

> 1960, 70년 대 유명 희곡 작가이자 수필가, 배우와 방송인으로 많은 사랑을 받았던 오혜령씨의 간증집 《당신 없는 인생은 빈 그물이오니》 중의 내용입니다.
>
> 그는 미션스쿨을 다녔던 터라 기독교를 너무나 잘 알았습니다. 그러나 상당수의 똑똑한 지성인들이 잘 빠지는 길이 걸었습니다. '그물을 던지면 얼마든지 많은 고기를 잡을 수 있다'는 자기 과신 때문에 예수 없는 인생을 살았습니다. 그러다가 갑자기 위암과 임파선암 진단을 받고 3개월 시한부 인생이 되어 날마다 죽음을 기다리는 처지가 되었습니다.

　예정된 죽음의 날짜가 며칠 지난 어느 날, 그의 그물이 텅 비었을 때 실패의 현장에 찾아오신 주님을 만났습니다. 그러고는 그동안 주님을 나 몰라라 하면서 마음대로 살았던 자기 죄가 두려워져 회개했습니다. 화선지에 붓글씨로 자기 죄를 쓰며 수십 개의 양초가 녹아내릴 때까지 회개하고 또 회개했습니다. 그렇게 회개하기를 반 년 가까이 한 어느 날, 놀라운 일이 일어났습니다. 겨드랑이에 잡히던 임파선 암 덩어리가 만져지지 않았습니다. 어깨에 나 있던 복숭아씨만 한 멍울도 사라졌고, 복수로 차올랐던 배도 완전히 꺼져 있었습니다. 살아 계신 주님께서 두 번째로 자기를 찾으셨음을 알았습니다.

　그때부터 그의 그물은 고기로 가득 차기 시작했습니다. 완전히 새로운 인생을 시작한 것입니다. 그 후로 그는 경기도 어느 조그마한 마을에서 버림받은 노인들을 돌보는 평화의 집을 운영하며 살고 있습니다. 그가 쓴 시 가운데 이런 구절이 있습니다.

　당신 없는 생의 호수에 그물을 던지고
　잡히기를 바랐던 지난 나날들은
　죽은 시간이었습니다
　오 주님,
　이제 당신께서 그물을 채워주소서
　그러면 저는 비로소 살 것입니다
　인생의 가장자리에 서 계신 부활의 주님,
　당신 없이 한평생 수고해보아야
　우리 인생은 빈 그물이옵니다

7 밤새도록 수고하고 지친 제자들을 맞이하신 예수님이 그들을 위해 준
비하신 것은 무엇입니까?

○ 8~9절/

8 12~13절에서 예수님이 제자들에게 어떻게 봉사하셨는지 살펴보십시
오. 그리고 당신이 느낀 점을 이야기해 보십시오.

9 예수님은 제자들의 영적인 문제를 다루시기 전에 먼저 그들의 배고픔
을 해결해 주셨습니다. 이것은 영적인 문제를 다루기 원하는 자라면
늘 염두에 두어야 할 원리입니다. 배고픈 자가 있습니까? 먼저 먹을
것을 주어야 합니다. 거룩한 일을 다룰수록 우리는 좀 더 인간적일 필
요가 있습니다. 이 사실에 공감합니까? 당신도 예수님처럼 이 원칙을
따르고 있습니까?

부활의 주님은 연약한 우리를 위해 인간적인 모습으로 다가와 주시는 분입니다.
마태복음 11장 28절을 외우면서 좋으신 주님을 찬양합시다.

네가 나를 더 사랑하느냐?

요한복음 21:15~25

 마음의 문을 열며

아침 식사가 끝나자 예수님은 자상한 얼굴로 베드로에게 '사랑 확인 작업'을 시작하십니다. 우리는 본문에서 그 놀라운 장면을 보고 있습니다. 우리는 사랑을 확인하는 질문과 사랑을 고백하는 대답을 듣는 자리에서 벌어지는 놀라운 기적을 자주 경험합니다. 사랑의 고백 한마디로 병석을 박차고 일어나는 사람이 얼마나 많습니까? '사랑한다'는 말 한마디에 용기를 얻어 새 출발을 하는 사람이 얼마나 많습니까? 매일 밤을 눈물로 지새던 사람이 '사랑한다'는 말 한마디에 웃음이 가득한 얼굴로 문을 열고 나오는 아름다운 모습을 상상해보십시오. 사랑의 위력은 이와 같이 대단합니다.

요한복음의 마지막 부분은 예수 그리스도의 은혜가 얼마나 풍성한지를 보여 줍니다. 이 세상을 가득 채우고도 남을 은혜의 말씀입니다.

1 예수님이 베드로를 바라보며 던지신 세 질문은 무엇입니까? 그리고 베드로는 어떻게 대답합니까?

    ○ 15~17절/

2 만일 예수님이 당신에게도 똑같은 질문을 하신다면 어떻게 대답하겠습니까?

3 예수님이 동일한 질문을 세 번이나 하신 이유는 무엇입니까? 그것은 베드로를 영적으로 치유하시기 위함이었습니다. 우리가 알다시피 며칠 전 베드로는 주를 위해 목숨을 버리겠다고 말하며 주님을 향한 자기의 사랑을 장담했습니다. 그러나 그는 비참할 정도로 예수님을 세 번이나 부인했습니다. 그렇기에 예수님의 세 번의 질문과 눈앞에 타고 있는 모닥불은 그때의 처절했던 실패를 연상시키기에 충분했습니다. 지금 예수님 앞에 앉아 있는 베드로는 분명 영적으로 병든 사람입니다. 믿음도, 자신감도, 긍지도, 용기도 바닥났습니다. 남은 것이 없는 파선한 사람입니다. 예수님은 그런 그를 치료하시기 위해 사랑을 확인하고 계신 것입니다. 이 점에 대해 공감할 수 있습니까?

4 하나님의 사랑은 병든 영혼을 치유합니다. 그 사랑의 향유를 바르면 아무리 깊은 마음의 상처라도 고침을 받습니다. 그래서 우리는 매일 이런 기도를 드려야 합니다. 에베소서 3장 18~19절을 보십시오.

5 다음 글을 읽고 당신에게는 이러한 체험이 있는지 나누어 보십시오.

> 제가 존경하는 헨리 나우웬은 이런 말을 했습니다. "너는 내가 사랑하는 사람이야. 나의 은총이 네게 있어'라고 말하는 작고 세미한 소리가 있습니다. 이 소리야말로 우리가 귀 기울여 들어야 할 음성입니다. 그러나 이 음성을 듣기 위해서는 특별한 노력이 필요합니다. 고독해질 필요가 있습니다. 침묵할 필요가 있습니다. 듣고자 하는 강한 의지가 필요합니다. 이것이 무엇인지 아십니까? 바로 기도입니다. 기도는 우리의 고독입니다. 기도는 우리의 침묵입니다. 기도는 우리가 듣고자 하는 몸부림입니다. 그럴 때 '나는 너를 사랑해'라고 하시는 주의 음성이 들립니다."

6 예수님이 세 번에 걸쳐 사랑을 확인하신 데에는 또 다른 이유가 있습니다. 바로 베드로의 사도직을 회복하시기 위해서입니다. 베드로는 실패를 경험한 후 예수님의 뒤를 따를 용기를 잃었습니다. 주님은 이

런 베드로에게 다시금 새로운 기회를 주십니다. 19절에 "나를 따르라"
고 하신 말씀을 주목하십시오(참고/ 마태복음 4:19).

7 예수님은 베드로가 늙어서 죽을 때까지 다시는 주님을 부인하지 않고
충성스럽게 그분의 뒤를 따르는 사도가 될 것을 예언하십니다. 그 내
용이 무엇입니까?

○ 18~19절/

8 베드로는 자기 장래에 관한 예언을 들으며 사도 요한의 장래도 궁금
해졌습니다. 그래서 그의 장래에 대해 질문하자 이에 대해 예수님은
어떻게 대답하십니까?

○ 20~23절/

9　25절을 보면 너무 과장된 이야기 같지만 사실은 그렇지 않습니다. 유명한 성경학자인 윌리엄 바클레이의 말을 들으면 이해가 될 것입니다.

> "사도 요한은 붓을 놓으려 합니다. 그러면서 그는 다시 한번 예수 그리스도의 찬란한 영광을 마지막으로 생각해보려 합니다. 우리가 그리스도에 대해 아는 것이 무엇이든지 간에 그 지식은 단지 그분에 대한 단편에 지나지 않습니다. 우리가 체험하는 경이로운 일들이 아무리 놀라운 것이라 할지라도 우리가 앞으로 체험할 것들에 비하면 아무것도 아닙니다. 인간의 카테고리들은 그리스도를 표현하기에는 너무나 무력합니다. 인간의 책들은 그리스도를 담기에는 부족합니다. 그래서 요한은 헤아릴 수 없는 승리, 다함이 없는 능력 그리고 제한 없는 그리스도의 은혜를 가지고 자기의 복음서를 끝맺음하는 것입니다."

우리를 위해《요한복음》을 주시고 이 말씀 안에서 우리의 구원자 예수 그리스도를 만나게 하신 하나님께 어떤 감사를 드릴 수 있습니까? 어떻게 그 은혜에 보답할 수 있다고 생각합니까?

옥한흠 다락방 시리즈 20

요한복음 3

초판 1쇄 발행 2002년 11월 14일
개정판 1쇄(64쇄) 인쇄 2025년 10월 30일
개정판 1쇄(64쇄) 발행 2025년 11월 5일

지은이 옥한흠

펴낸이 오정현
펴낸곳 국제제자훈련원
등록번호 제2013-000170호(2013년 9월 25일)
주소 서울시 서초구 효령로 68길 98(서초동)
전화 02)3489-4300　　　**팩스** 02)3489-4329
이메일 dmipress@sarang.org

저작권자 (C) 옥한흠, 2002, *Printed in Korea.*
이 책은 저작권법에 의해 보호를 받는 저작물이므로 저자와 출판사의 허락 없이
내용의 일부를 인용하거나 발췌하는 것을 금합니다.

ISBN 978-89-5731-007-6 03230

※ 책값은 뒤표지에 있습니다. 잘못된 책은 구입하신 곳에서 교환해 드립니다.

국제제자훈련원은 건강한 교회를 꿈꾸는 목회의 동반자로서 제자 삼는 사역을 중심으로
성경적 목회 모델을 제시함으로 세계 교회를 섬기는 전문 사역 기관입니다.